BEI GRIN MACHT SICH IHR WISSEN BEZAHLT

AF144013

- Wir veröffentlichen Ihre Hausarbeit,
  Bachelor- und Masterarbeit

- Ihr eigenes eBook und Buch -
  weltweit in allen wichtigen Shops

- Verdienen Sie an jedem Verkauf

Jetzt bei www.GRIN.com hochladen
und kostenlos publizieren

Esther Kaiser

Grundlagen und Prinzipien der Jungenarbeit

GRIN Verlag

Bibliografische Information der Deutschen Nationalbibliothek:

Die Deutsche Bibliothek verzeichnet diese Publikation in der Deutschen National-
bibliografie; detaillierte bibliografische Daten sind im Internet über http://dnb.d-
nb.de/ abrufbar.

Impressum:

Copyright © 2009 GRIN Verlag, Open Publishing GmbH
Druck und Bindung: Books on Demand GmbH, Norderstedt Germany
ISBN: 978-3-640-93352-5

Dieses Buch bei GRIN:

http://www.grin.com/de/e-book/173204/grundlagen-und-prinzipien-der-jungenarbeit

GRIN - Your knowledge has value

Der GRIN Verlag publiziert seit 1998 wissenschaftliche Arbeiten von Studenten, Hochschullehrern und anderen Akademikern als eBook und gedrucktes Buch. Die Verlagswebsite www.grin.com ist die ideale Plattform zur Veröffentlichung von Hausarbeiten, Abschlussarbeiten, wissenschaftlichen Aufsätzen, Dissertationen und Fachbüchern.

Besuchen Sie uns im Internet:

http://www.grin.com/

http://www.facebook.com/grincom

http://www.twitter.com/grin_com

Universität Osnabrück

Fachbereich Erziehungs- und Kulturwissenschaften

Institut für Erziehungswissenschaft

Sommersemester 09

Seminar: Jungen-Pädagogik

Grundlagen und Prinzipien der Jungenarbeit

Art der Arbeit: Schriftliche Ausarbeitung eines Referats

Modul: P1GrB Grundfragen der Pädagogik WPK 1.1 Wandel der Geschlechterrollen

Abgabedatum: 31.08.2009

Inhaltsverzeichnis

1. Einleitung

Hoffnung auf eine gerechte Gesellschaft und das Verlangen nach Gleichberechtigung lassen Jungenarbeit immer wieder neu zum Thema werden. Dennoch sind die Anliegen von Jungenarbeit oftmals vielfältig und umstritten. Sind Jungen heutzutage vielleicht orientierungslos und brauchen neue Angebote für positive Identitätsbildung? Doch was macht Jungen-Arbeit überaus aus und wie kann man konkret und effektiv mit Jungen und Männern speziell in der Schule arbeiten? Diesen Fragen möchte ich mich in meiner Ausarbeitung näher widmen und zunächst einige allgemeine Informationen über Jungenarbeit, deren Ziele, Voraussetzungen und Methoden anführen (Kap 2).

Da Jungenarbeit ein sehr praxisbezogenes Thema ist, folgt ein konkretes Praxisbeispiel aus der Schule (Kap 3), um im nächsten Schritt meine Ausarbeitung zusammenfassend auf den Punkt zu bringen (Kap 4).

2. Allgemeine Informationen über Jungenarbeit

Zunächst möchte ich anführen, dass es DIE Jungenarbeit nicht gibt, sondern dass Jungenarbeit immer eine Vielfalt von Methoden, Anwendungen und Praktiken umfasst, die sich im weitesten Sinne mit Jungen und Männern und ihren Problemen und Fragen befasst.

Es geht außerdem um die Entwicklung einer gewissen Sichtweise bzw. eines speziellen Blickes auf Jungenarbeit, denn diese kann nicht einfach als eine Methode angewendet werden. So beschreibt es auch Holger Karl in seiner Kritik: "Jungenarbeit bedeutet für mich, einen bestimmten Blick auf Jungen zu haben und dieser Blick hat für mich verschiedene Facetten, sowohl die geschlechterpolitische als auch die empathische"[1]. Dieser Blickwinkel hat natürlich gewisse bestehende Bilder von Männlichkeit als Grundlage, sollte aber offen für Veränderung sein.

---

[1] Karl, Holger (…), Neues aus dem Mekka der antisexistischen Jungenarbeit, S. 91-107.

2.1 Ziele

Grundlegend sollte Jungenarbeit zunächst das Ziel haben, Selbst- und Verantwortungsbewusstsein aufzubauen und zu stärken. Sie sollte Hilfestellung bei der Identitätsbildung sowie beim Herstellen von Selbstbezügen geben. Jungen müssen wieder mehr lernen, sich selbst wahrzunehmen und zu spüren.

Darüber hinaus sollte versucht werden, wieder eine Vielfalt von Männlichkeit herzustellen bzw. Jungen zu unterstützen, ihre eigene männliche Identität zu finden.

Jungenarbeit sollte Jungen ermutigen, sich ihren eigenen Platz in der Gesellschaft zu suchen. Dabei sollte von festgefahrenen Männlichkeitsmustern Abstand genommen und Jungen gelehrt werden, wie sie eigene Positionen beziehen und Standpunkte vertreten können.

Auch sollte Jungenarbeit Vorbilder schaffen, denn es fehlen Väter und männliche Bezugspersonen gerade im pädagogischen Bereich. Hier ist das übergeordnete Ziel also die Ausbildung einer positiven männlichen Identität.

Weitere Ziele sollten die Verwirklichung von Chancengleichheit, Gleichberechtigung und Gleichstellung, sowie der Abbau der Geschlechterhierarchie sein. Jungenarbeit sollte versuchen, auf all diesen Ebenen bestmöglich aktiv zu sein.

Jungenarbeit sollte sich außerdem zum Ziel setzten, Jungen auf ihrem Weg zum Mann-Sein zu begleiten und das Junge-Sein kritisch zu reflektieren.

Männliches Handeln sollte auch in Beziehung zu Frauen und anderen kritisch hinterfragt werden, um notwendigeVeränderungen zu schaffen, wo diese benötigt werden.

Alles in allem sollte Jungenarbeit Freiräume für Jungen schaffen, in denen sie sich entfalten können und in dem sie geschützt von Vorurteilen Fragen und Probleme ansprechen und bewältigen können.[2]

2.2 Voraussetzungen

Jungenarbeit sollte vornehmlich von männlichen Leitern und Jugendhelfer betreut und geleitet werden, um eine optimale geschlechterbezogene pädagogische Arbeit mit

---

[2] Vgl. Forster, Edgar J., Jungenarbeit als Männlichkeitskritik, S. 3f.

Jungen zu ermöglichen. Nur so kann ein Schonraum geschaffen werden, indem Jungen auch frei vom ständigen Balzverhalten gegenüber Mädchen ihre Wünsche und Sorgen äußern können.[3]

Ein männlicher Leiter sollte über genügend Lebenserfahrung verfügen und die Intention sowie Motivation und Spaß in sich tragen. Alles in allem sollte er in seinem Verhalten sicher und selbstbewusst auftreten und sich selbst gerade als Mann respektieren.

2.3 Methoden

Zunächst möchte ich noch einmal darauf hinweisen, dass Jungenarbeit an sich keine Methode ist, sondern dass sie eine Vielfalt von Methode in sich trägt, die sich immer an gegebenen Verhältnissen und Bedingungen orientieren müssen.

Es gibt einige nützliche Methoden, die innerhalb von Jungenarbeit angewendet werden können, um oben genannte Ziele zu erreichen.

Das können zum Beispiel scheinbar banale Dinge wie Entspannungs-, Selbst- und Fremdwahrnehmungsübungen, Autogenes Training und Achtsamkeitsübungen sein, aber auch Selbstbeobachtungen durch Videoaufnahme oder Fotografie, sowie das Schreiben von Geschichten und Gedichten zu bestimmten Themen oder Problemen.

Ganz praktisch können auch Methoden zur Zukunfts-, Berufs- und Lebensplanung durchgeführt werden, um Jungen zu helfen, sich zu orientieren und Perspektiven für die Zukunft zu schaffen.

Weitere Methoden finden sich in den Bereichen Jungen und Sexualität, Jungen in der Schule und Gewaltprävention und können in Einzel- aber auch in Gruppenarbeit angewendet werden.[4]

Es bleibt zu beachten, das in Anbetracht aller Methoden die Beziehung zu den einzelnen Jungen im Vordergrund stehen sollte. Es sollte ein zuverlässiges, vertrauensvolles und tragfähiges Beziehungsangebot vorherrschen, denn solche Methoden können nur erfolgreich angewandt werden, wenn eine effektive Beziehungsbasis vorliegt.

Außerdem entscheidet die Zielgruppe, also die Jungen, mit über die

---

[3] Vgl. http://jungenarbeit.syncope.de/was-ist-jungenarbeit/

Methodenauswahl. Diese sind grundsätzlich individuell und auf die jeweiligen Bedingungen bezogen auszuwählen. Sie müssen altergemäß und mit Berücksichtigung der jeweiligen Hintergründe gesichtet werden und eine ergebnisoffene Beteiligung der Jungen mit einbeziehen.[5]

Ich möchte mich an dieser Stelle auch kurz dem Versagen von Methoden zuwenden, da es durchaus passieren kann, dass bestimmte Methoden nicht angenommen, verworfen oder aber auch falsch angewendet werden. Ich finde es deshalb wichtig, auch Misserfolge mit einzubeziehen, daraus zu lernen und sie vor allen Dingen ans Licht zu bringen.

Was kann in der Methodenanwendungen also misslingen und wo gilt besondere Vorsicht?

Da wäre zunächst einmal die fehlende Motivation eines Leiters oder Mitarbeiters. Jungenarbeit sollte nur in Angriff genommen werden, wenn man als leitende Persönlichkeit wirklich dahinter steht und Motivation und Spaß an der Arbeit mit Jungen ausstrahlen kann. Hier können Methoden noch so gut ausgearbeitet sein, wenn die Motivation fehlt ist die Methode nahezu unnütz "verpufft.

Als ein weiterer Punkt sollten Aggression, Widerstände und Grenzverhalten im voraus kalkuliert werden. Gerade in einer Gruppenarbeit mit Jungen sollte auf eventuelle Konflikte oder Streitsituation mit Ruhe und klaren Regeln reagiert werden, die im voraus besprochen wurden..

An dieser Stelle muss auch Empathie genannt werden, denn der Leiter sollte die Emotionen und individuellen Gegebenheiten berücksichtigt und den Mut haben, Aktionen abzubrechen oder frühzeitig zu beenden, wenn diese in die momentane Situation nicht passt oder nicht Erfolg versprechend durchzuführen ist.

Bei bestimmten Konflikten oder Störungen sollte man das vertrauensvolle Einzel-gespräch nicht scheuen und als adäquater Ansprechpartner immer erreichbar sein.

Nicht zu letzt sollten Störungen im Nachhinein reflektiert und konstruktiv verarbeitet werden, denn daraus kann man lernen und Veränderungen gewinnen.[6]

---

[4] Vgl. http://www.lagjungenarbeit.de/jungen_methoden_praxis.php
[5] Vgl. http://www.maennerzeitung.de/downloads/b_jungenarbeit-und-methoden.pdf. S.2f.
[6] Vgl. http://www.maennerzeitung.de/downloads/b_jungenarbeit-und-methoden.pdf S. 8.

3. Praxisbeispiel

Obwohl eine gute theoretische Grundlage und ein vorher ausgearbeitetes Konzept sicherlich wichtige Vorraussetzungen für eine erfolgreiche Jungenarbeit sind, sollte nicht vergessen werden, dass sich Jungenarbeit erst in der Praxis entfaltet. Deshalb möchte ich an dieser Stelle ein konkretes Beispiel aus der Schulpraxis näher erläutern.

3.1 Das Mann-Sein ins Spiel bringen- Jungen haben's nötig

An der Mittelschule X in Y findet der geschlechterhomogene Unterricht einmal wöchentlich in einer so genannten Klassenstunde statt, in der teilweise sogar zwei Lehrpersonen (eine Assistenz-Lehrkraft) zur Verfügung stehen.

Die Kleingruppen bestehen aus 10 bis 16 Kindern und es herrscht in der Klassenzusammensetzung, sowie in der Zusammensetzung der Lehrkräfte hinweg eine Kontinuität.

Inhalte der beschrieben Klassenstunden sind Themen des sozialen Lebens, es werden themenbezogene Theaterprojekte, Maskenspiele, etc. durchgeführt.

Die Gruppenidentität und Zusammengehörigkeit innerhalb der Jungengruppe entwickelte sich im Laufe eines Jahres zu einem Ganzen. Dieser langwierige Prozess ist von großer Bedeutung in der Jungenarbeit und sollte nicht unterschätzt werden. Um erfolgreich mit Jungen zu arbeiten, muss eine vertrauensvolle Atmosphäre geschaffen werden.

Die Lehrkräfte des Projektes bildeten sich in Fortbildungsveranstaltungen fort und erhielten bestimmte Materialen und Methoden zur Verwendung.

Dennoch empfindet der Autor die Gruppensituation als wesentlich mehr entscheidenden Faktor als das fertige Konzept und die Methoden. Ein gewisser Fundus und Vorkenntnisse sollten vorhanden sein, aber es sollte immer individuell auf die Gruppe und deren Bedürfnisse eingegangen werden. Erfolgreiche Jungenarbeit braucht entsprechende Rahmenbedingungen, in denen geschlechterhomogener Unterricht effektiv ermöglicht werden kann.

Während der Arbeit mit den Jungen fiel dem Autor auf, dass gerade die auffälligeren

Jungen ohne Väter aufgewachsen sind. Hier zeigt sich, wie wichtig männliche Vorbilder in der Entwicklung eines Jungen sind. Er beobachtete ebenfalls, dass Jungen, die überwiegend von weiblichen Bezugspersonen erzogen wurden, sich von Frauen fast kaum mehr Grenzen setzen lassen.

3.2 Maskenspiel- ein Projekt in der 6. Schulstufe

Als Vorbereitung auf das Maskenspiel wurden verschiedene Bewegungsspiele durchgeführt und Fragen wie. "Wo sind euch schon Masken begegnet?" etc. in der Gruppe besprochen. Gemeinsam wurde im Anschluss in der Schulbibliothek nach geeigneten Büchern über die verschiedensten Formen von Masken gesucht. Der Maskenbau an sich benötigte einen Tag und die Jungen konnten frei entscheiden, welche Maske sie herstellen wollten - abwehrende, grimmige, traurige, fröhliche oder lachende.

Auch persönliche und private Begegnungen mit den Masken spielten eine Rolle. Die Jungen sollten den Maskenbau reflektieren, indem sie sich Fragen wie: "Was fühle ich, wenn ich meine Maske anschaue?" stellten.

Durch das Aufsetzten einer Maske wird dem Jungen ein völlig neuer Sichtwinkel ermöglicht. Dabei können sie gewohnte Verhaltensmuster verlassen und müssen versuchen, ohne Sprache zu agieren und deshalb besonders auf ihre Mitspieler zu achten. Es wurden verschiedene nonverbale Spiele, sowie Bewegungen, Laute und Geräusche ausprobiert und die Jungen hatten ausreichend Raum und Zeit, sich ihren Masken und deren Gefühlswelt zu nähern.

Auch so genanntes 'Stegreifspiel' wurde mit Masken sowie Scheinwerfern und einer Bühne durchgeführt. In diesem Spiel konnten die Jungen sich paarweise auf das Spiel einlassen und wurden danach mit Lob, Applaus und auch konstruktiver Rückmeldung für ihr Spiel bestätigt.

Jede Gruppe konnte ihre Präsentationen mehrmals vorspielen und hatten so immer wieder die Chance, Korrekturen vorzunehmen und bestimmte Dinge zu verändern. Der Einsatz einer Videokamera ist hierbei zu empfehlen.

Das Projekt endete nach einer Woche mit einer Schulaufführung vor Publikum.[7]

---

[7] Vgl. Kremlicka, Robert, Das Mann-Sein ins Spiel bringen- Jungen haben's nötig, S. 55f.

4. Schlussbetrachtung

Alles in allem ist Jungenarbeit sicherlich ein erstrebenswertes und lohnenswertes pädagogisches Betätigungsfeld, das in den unterschiedlichsten und individuellsten Formen durchgeführt und realisiert werden kann. Sie muss ihre individuelle Form jedoch in jedem Fall beibehalten, denn, wie bereits mehrfach erwähnt, passt nicht jede Jungenarbeit auf jeden Jungen. Sie ist nicht einfach so anzuwenden und sollte immer in ein entsprechendes pädagogisches Konzept eingebettet sein.

Jungenarbeit ist außerdem keine Geheimwaffe zur Therapie von auffälligen oder straffälligen Jungen oder zur Vermeidung von Gewalt. Sie kann lediglich als Präventionsmaßnahme unterstützen und fördern.

Auch sollte sich Jungenarbeit immer in einem kontinuierlichen Anpassungsprozess weiter entwickeln, d.h. sie sollte sich an der Zeit orientieren und in einer permanenten Eigenreflexion zu sich selbst ausgeführt werden.

Meiner Meinung nach, sollte das Interesse gerade im schulpädagogischen Bereich für Jungenarbeit geweckt werden, denn obwohl Aufwand betrieben werden muss und gerade Lehrer die Initiative ergreifen müssen, überwiegen die positiven und persönlichkeitsfördernden Auswirkungen auf Jungen.

Literaturverzeichnis

BIERINGER, INGO / BUCHACHER, WALTER / FORSTER, EDGAR J.; Männlichkeit und Gewalt, Opladen: Leske und Budrich. 2000.

FORSTER, EGDAR J., Jungenarbeit als Männlichkeitskritik, Salzburg: Kofra.2002.

KARL, HOLGER / OTTEMEIER-GLÜCKS / FRANZ, GERD, Neues aus dem Mekka der antisexistischen Jungenarbeit. Ein Blick in die "interne" Diskussion. In: Möller, Kurt (Hg.): Nur Macher und Macho? Geschlechtsreflektierende Jungen- und Männerarbeit. Weinheim / München: Juventa. 1997. S. 91-107.

KREMLICKA, ROBERT, Das Mann-Sein ins Spiel bringen- Jungen haben's nötig. Schulprojekt Anton-Krieger-Gasse, Wien. In: BIERINGER, INGO / BUCHACHER, WALTER / FORSTER, EDGAR J.; Männlichkeit und Gewalt, Opladen: Leske und Budrich. 2000. S.55-62.

Quellen aus dem Internet:

http://jungenarbeit.syncope.de
http://www.bildungsserver.de/zeigen.html?seite=2674
http://www.maennerzeitung.de/downloads/b_jungenarbeit-und-methoden.pdf